새질내기 열두 굽이

배영모 시집

月刊文學 출판부

❘ 시인의 말 ❘

향토에서 태어나 청운의 꿈을 꾸었다.

세상사 뜻대로 되지 않았으나

맑게 내 의지대로 나의 길을 걸었다.

우리 집 이야기와 나의 꿈과 사랑, 외로움의

자취들로 첫 시집을 묶었다.

학같이 사셨던 그리운 어머니께 올린다

나를 보살펴온 아내에게도.

2015년 6월 상도동에서

배영모

차례

1

2

3

1

입춘방(立春榜)

눈물 많고
글을 모르셨던
할아버지

어느 해 이른 봄날
바우야 입춘 쓸 줄 아니?
예! 하고 '입춘' 두 글자 써 보여드렸더니
말없이 고개만 저으신다
그리고 이듬해
또 그 이듬해 입춘 때도 그러셨고

세월 흘러
생전의 그 말씀이
입춘방 써붙이는 것이었음을
손자는 늦게야 깨달았습니다

청천벽력에 잃어버린
당신의 천금 같은 외아들이 써 오던
입춘방을
어린 손주에게 고대했음을

산골의 여름 한나절

감나무 그늘에
암소가 누워 하품을 하고
매앰 매앰
돌배나무 참매미 소리

돌담너머 저 아래
푸른 벼 일렁이는 논을 향해

할부지예~ 진지 잡수러 오이소~

시원한 대청마루,
보리밥 상추쌈에
햇감자 삶아 먹으며
엄마야
아지매야……
할부시예 이세 감사 말씪내* 납니더
어린 손자 재롱에
시름을 잊으시던
우리 할부지예

* '한 말고기 다 먹고 말씹내 난다고 한다'는 속담에서 나온 말

우리 소 많이 컸지예

—둘째 고모 들려주신 말씀

구구 구구~ 구구 구구~
두견이 우네

이맘때쯤 이른 봄날
할부지
소 쟁기 걸어 논 가시는데
홍진(紅疹)을 하여 얼굴이 바알간 다섯 살배기 손자가 따라와서
아직 쌀쌀한 날씨에 기침 콜록이며 논두렁에 앉아 있다가
할부지 쉬실 때
쟁기 진 채로 쉬고 있는 소를 보며
할부지예! 우리 소 인제 많이 컸지예

할부지
일 다 하시고 집에 오셔서
엄마와 고모들한테
(목이 메이시며)
우리 바우가 그카더라.

할부지와 범
—큰고모 들려주신 말씀

싸박싸박! 싸박싸박!

당나무 근방에 와서야
들리지 않았다.

성내 장 갔다가
날이 저물어,
상이고개 저 아래
큰배나무부터
캄캄한 새질내기 열두둥대*를
내가 서면
저도 서고
내가 가면 저도 따라오고
앉아서 담배 한 대 피우면 멈춰서고
인제 됐심더 그만 가이소

(집에 오셔서)
인제 등에 난 땀 마른다
성냥 한 통 다 기렀다.

* 필자 고향의 굽이진 산등성이 길

눈물 할배

우리 할부지
원수의 세월에 천금 같은 외아들 잃고
하늘에서 떨어진 외톨 씨 하나
콩지름 물 주듯 키우며
눈물의 세월을
눈물의 세월을

사람들은
할부지 절벽 가슴 모르고
눈물할배라고 수군거렸지요

저도 자라면서
꾀나 야무진 척 강한 척
눈물 없는 사나이 되었지요

제 나이 어느덧
그때 할부지 즈음되어
할부지 눈물 그려 봅니다

눈물 할배
다 되어가지고서……

정(情)

추석 밑에 벌초하는데
할부지 집은
언제나 내 손에 따뜻하고
풀 깎는 향이
왜 이렇게 코에 달지요?
다른 조상들은 물론
아버지 할매 산소도
그렇지 않던데요

할아버지의 발

할부지께서 발톱을 깎으시는데
발톱이 무척이나 두껍고 거칠며
발에 굳은살이 많이 박혀 있어
어린 마음에
왜 그럴까 생각했다

오랜 세월 흘러
내가 이제 손자 재롱을 보고 있는데
나의 발톱이 두껍고
발에 이곳저곳이 자꾸만 굳은살이
생겨 가끔 떼내야 하는데
그럴 때마다
날 끔찍하게 여기시던
우리 할부지 생각이 난다

봄 마중

동무야
봄 마중 가자

삐이~ 빼에~
보들 호때기
꺾어 불며 가자

이랴~ 어띠~
할부지 쟁기질 소리에
개구리 눈 비비고 일어나고
냇가 알배기 가재가 잽싸게
뒷헤엄질쳐 돌틈으로 숨는다

언덕 위 무덤가엔
어느새 할미꽃이
논두렁에는 포릇포릇 냉이가
봄처녀를 손짓한다

이제 곧

뒷뫼 부엉듬이*엔
온 산이 발갛게
참꽃 천지가 되겠네

* 필자 고향의 야산 벼랑 이름

우리 할매

밥 다하고 퍼낸
솥바닥에
그 흰 쌀밥 한 주먹 다시 얕게 깔고
샘물 약간 부어
노릇노릇 할 때까지
이리저리 뒤적여 구워내면
쫀득쫀득 고소한
다시없는 맛있는 과자

어둑한 새벽
새질내기 열두 등대 넘어
십리 길 서당(書堂) 가는
천금 같은 외아들이
손에 들고 먹으며 무서움 잊으라고
잠 설쳐 일어나
누룽지 과자 만들던
엄마 마음

어린 딸들이 그거 좀 얻어먹으려고

기웃거리면
이너무 가시나 안 된다 하셨다는
우리 할매.

부엉이 우는 밤

이불에 지도 그리던 시절
엄마 옆에 자다
한밤중에
오줌 마려워 잠이 깨면

부욱~ 부욱~
뒷산 전봇대 근처에서 들려오던
음산한 소리

무서워 뒷간도 못가고
잿간에다 오줌 누고
얼른 방으로 줄행랑쳤지

어른들 말씀이
부엉이는 봉태기* 만한데
뒤에는 범이 따라다닌다고.

* 짚으로 짠 곡식 담는 바구니의 일종

그리움

그 때
이 노래가 흘러나왔지
엄마 보고픈
햇병아리 객지 시절
방직공장 휴식시간에

얼마 후 엄마도 올라오셔
안양역 감추신 눈물

아아 이제 좋은날만 기다리련만
매화꽃 지듯 표표히
흰 나비 떼 따라가신
엄마

오늘,
비 오는 내 생일날
라디오에서 흘러나오는
이 노래에
하염없이 눈물짓는다

엄마 기다림

숙제하고 놀다 해 지고 어둑해지면
초가삼간 방문 앞에 쪼그려 앉아
산 너머 들 일 간 엄마를 기다린다

기다리다 기다리다 엄마 안 오면
난 그만 마당에 퍼질러 앉아
온 동네 떠나가게 울음보를 터뜨린다
그러면
옆집 인자엄마 달려와
엄마 금방 온다며 달랜다

퇴근하여 집에 와
아내가 없고
한참을 기다려도 안 오면
이 나이에 실없이
그 때 생각이 난다

개똥참외

보리밭 깊숙이
아무도 몰래 만나는
개똥참외

어쩌다 새어드는 햇살,
빗발만 먹고
가냘픈 줄기에
노란 열매 하나

학교 갔다 오니
정지 부뚜막
엄마가 종지기에
하얀 속살 하나

한입에 쏙 들어가는
그 맛은
참외의 맛이 아니었네
맑디맑은 햇살 내음나는
달디 단

옻샘

대밭등 밭두렁 비탈에서 가죽나무 새순을 잔뜩 따 왔는데 엄마가 참옻이라 한다. 자고 아침에 일어났는데 얼굴과 목, 손, 팔이 발갛게 붓고 좁쌀 같은 것이 돋고 가렵기 시작하더니 그 다음날은 온몸으로 번져 학교엘 처음으로 결석까지 했다. 생쌀을 씹어서 붙이기도 하고 방앗간집에서 개 삶은 물을 얻어다 바르고 해도 도무지 효과가 없다. 계속 결석할 수 없어 얼굴이 퉁퉁 부어 눈이 거의 붙은 채로 학교엘 가니 예쁜 동수가 날보고 찡그리며 안쓰러워하네.

그날 하교 후 엄마 따라 굼마마을 사과밭 지나 다영고개 넘어 큰 산 외진 길 굽이굽이 돌아 한참을 가니 산골짝 깊은 곳에 옹달샘이 하나 나타나는데 샘가 나무엔 색색가지 천조각이 서낭당처럼 달려 있어 정적 속에 마치 무엇이 튀어나오기라도 할 것처럼 무섭다. 우리 아이 옻 거두어 주이소… 하며 엄마는 갖고 온 바가지로 옹달샘 물을 퍼 발가벗은 내 몸에 끼얹기를 여러 번 했다. 아직 초봄이라 깜짝깜짝 놀라지만 의외로 물이 차갑지는 않다. 그런데 옻샘물 목욕을 하고부터는 좀 수그러드는 것 같았는데 그렇게 사흘을 다녔더니 신기하게 옻오름이 감쪽같이 나아버리는 것이었다.

옻샘에 가려면 그날은 절대로 고기반찬 등의 비린내 나는 음식을 먹으면 안 되며 그 옻샘엔 찌끼미*가 있다고 했다.

* 지킴이(업구렁이)의 방언

누에 추억

종자지(種子紙)에서 막 부화한
오글오글 새까만 생명들
엄마가 뽕잎 잘게 썰어 밥을 주면
하루가 다르게 눈에 띄게 자라고
온 뽕잎을 줄 즈음
손가락 만한 하얀 놈들의
사르륵 사르륵 뽕잎 갉아먹는 소리

층층 시렁에 뭉게뭉게
검은 점 백인 하얀 하늘 벌레들
온 방에 가득하던 후덥한
누에 뽕잎 내음이여

고개들어 입에서 하얀 실을 뽑아
제 몸을 스스로 염(殮)하여
백설(白雪)의 감옥을 짓는다

어느 날 문득,
날개를 파닥이며

열락의 환희를 이중주(二重奏)하는
날지 못하는
나비 두 마리의 환생.

다듬이 소리

똑딱 똑딱
똑딱 똑딱
청아한 방망이 소리
겨울 초저녁 산골마을에

대청마루
호롱불 아래
시누올케 마주앉아
주거니 받거니 정답게
똑딱 똑딱
똑딱 똑딱

시아버지 무명바지
시어머니 옥양목저고리
곱게곱게 펴지는 소리

닭장에는 달구들이
외양간에는 암소가
까만 하늘엔 초롱별이
다듬이 가락에 잠을 청하고

산나물 보재기

어릴 때
봄에 엄마와 고모가
산나물을 뜯어와
보재기를 대청마루에 풀어 놓으면
후끈하면서 싱그런
산 내음이 났다.
그 땐 몰랐지만 지금 생각하니
엄마 내음이요
고모 내음이다.
취나물 두릅 고사리 홑닢 삽주싹…
그 보재기엔 꼭 한두 개의
나를 위한 송기 막대도 있었는데
낫으로 썩썩 솔잎 듬성한 껍질 빗거
하얀 속살과 줄줄 흐르는 수액을
이빨로 썩썩 물고 빨면
달고 시원한
그 맛과 솔 향!

그런 맛은 그 후
세상 어디에도 없었다.

여름밤 서정

감나무 아래 펴 놓은
살피상에 으스름 내리면
삽짝 밖 돌밭 길에 왕철갱이
쒹 쒹 날아다니고
뒤안 돌아가는 지붕 사이엔
주먹 만한 왕거미 나와
공중 곡예를 한다.
이제, 엄마가
애기낭개 넣고 끓인 늘인국시*가
보글보글 상에 오르고
식구들 나와 앉아 후후 불어가며
큰 냄비를 금세 비운다.
매캐한 등게모깃불 연기 맡으며 드러누워
은하수 건너
'짚신쟁이 영감과 수시떡 할마이 애기' * 듣다
스르르 눈꺼풀 내려오면
꿈길 따라
고무신 신는 둥 마는 둥

방으로 달린다.

* 홍두깨로 밀어 만든 손칼국수
* 견우직녀 이야기

섣달그믐

어둠이 나린 초저녁
사랑방 소여물 끓이고 난 가마솥에
엄마가 물을 반 솥 가량 덥혀 놓으면
난 발가벗고 들어간다
일 년에 한 번 하는 목욕이다

방마다 석유냄새 호롱불 켜지고
정지 소마구 정낭엔 들기름 접시불
밤을 새울 채비를 한다
밤 이슥하여
차례지낼 밤 치시는 엄마 무릎 베고 누워
속밤 부스러기 주워 먹는다

이제, 삼태*도 까만 밤하늘에 기우는데
눈썹 셀까봐
어린것이 쏟아지는 잠과 씨름하다
소로록 꿈나라로 빠져드는
부엉이 우는 두메산골의
섣달그믐날 밤

* 삼태성(三台星)

지신밟기* 추억

어우라 어우라 지신아
지신 밟아 눌라보자
타당 타당 탕 따다다
타당 타당 탕 따다다

정월이라 대보름날 풍물꾼들 집집도네
아이들도 어른들도 절로 어깨 들썩들썩
엄마는 두지에서 보쌀 한 홉 퍼오시고
아지매는 정지에서 탁주 한 독 내오시네

청량리라 경동장터
풍물장단 돌아가네
앞 가게 영감님 우쭐우쭐 곰배춤에
옆 가게 젊은총각 실룩샐룩 엉덩춤을

누르세 누르세 조왕대신 누르세
부르세 부르세 용왕님을 부르세
타당 타당 탕 따다다
타당 타당 탕 따다다

* 정월 대보름날에 영남에서 행해져 온 민속놀이의 하나

가장 아까운 일

오늘 왼쪽 사랑니 치료하며
의사가 소중한 내 어금니라 한다
21년 전 싱가폴에서
젊은 치과의사 시키는 대로
빼버린 오른쪽 사랑니
그때 해외에서 번 돈 전부의 백배를 주고도
되살 수 없는 내 소중한 오복이여

몇 년을 벼르다
올해엔 기필코 사진만이라도 하며
카메라 들고 찾은 고향
벌초하고 내려오면서 마을을 보니
안보이네
그동안 내내 있었던 우리 집이
엄마 손때 묻은 정지*문
그리고 그 옆에 붙은 나무찬장
정겨운 대청마루와 그 아래 쪽담이…

지금까지 살아오면서

가장 아깝고
아쉬움 남는 일이라네

＊부억

딩기 이모

아득한 남매지 못
딩기 마을에
열일곱에 아홉 살이나 많은 노총각한테
시집간 우리 이모
범강장달이 같은 시동생 일곱에
시부모 시누 대식구
조그만 손이
그 크고 깊은 가마솥 밥 퍼기도 버겁네

사진처럼 통통하니 어여뻤던 복사꽃 얼굴
목소리는 부엌에서 얘기하면
울엄마와 구별이 어렵고
말을 못 참는 대꼬챙이 성미
깔방니같이 귀여운
딸 둘 아들 둘 보고 낙을 붙이네

봉창 뒤 텃밭에서
매미 노랫소리 실려오는
어느 여름방학에

이미자의 정동대감을 내가 가르치고
이모와 숙이는 따라 배우고
잘못하여 서로 까르르 웃고……

그 때는 자신이 늙을 줄이야 꿈에도 몰랐던
오월 창포같이 풋풋하던
우리 이모

정구지 밭

—큰고모 처녀시절

아부지 논 매시고
오빠는 나무 팔러 성내 장 가고
엄마는 종일토록 찌짐* 부치시네

닷새 전 베어 먹은 정구지 밭에
풀 이슬 헤치며 오늘 와 보니
그 새 또 이만큼 벨 때가 됐네

비 한 번에 한 뼘씩
싱그런 정구지 밭
맨발로 달리던
논두렁 밭두렁

꿈엔들 잊으리
산딸기 익던 내 고향
돌아가고파라 열다섯
펄펄 뛰던 그 시절로

* 부침개

다알리아

마알갛게 피어난
다알리아
막내 고모꽃

내 어렸을 적 마당가엔
언제나 온갖 꽃 피는
꽃밭이 있었지

산 넘어 꽃가마 타고 시집간
꽃 같은 새색시는
천지개벽 같은 거센 세월 풍파에
영문도 모르고
할매꽃이 다 되었네

하지만
오늘 고모집 앞
낯익은 꽃밭

빠알간
다알리아 두 송이

디리

길고 긴 겨울밤
전기도 라디오도 없던
산골 벽촌

꽃다운 처녀들 모여
호롱불 아래 십자수도 놓고
화투 붙이는 작업도 같이하곤 했는데

밤이 이슥하여 모두들 출출해지면
하얀 쌀밥을 지어
마실* 김장김치 슬쩍 꺼내다가
'디리'라는 것을 했는데,

김이 모락모락 나는 흰 쌀밥
한 숟가락 떠서
보기좋게 익은 배추김치
손으로 죽— 죽— 찢어 얹어
한 입 가득……

그 맛!
그 땐 나는 아직 어려서 몰랐지만

* 마을

시인(詩人)

친구야
내가 시를 쓰는 것은
낭만이 아니라네
신선놀음이 아니라네

자네는 모른다네
저 새질내기 열두 등대 전설을……
시는
내 설운 노래요
기막힌 우리 집의 세월이야기라네

친구야
시인은 부러운 존재가 아니라네
오도카니 외톨밤
눈물의 날들을
눈물의 날들을
쓰지 않으면 살 수 없는
그런 불쌍한 사람이라네

감꽃 고향

순아
꼭두새벽 젤 먼저 일어나
하얗게 떨어진
감꽃 주어
목걸이 만들어 너에게
선물하고 싶다

순아
마당 감나무에 감이
하나 둘 환하게
홍시로 익어갈 무렵
홍시처럼 얼굴 붉히는 너와
빤드깨미* 살고 싶다

* 소꿉놀이의 방언

고향 음식

내겐
고향 음식이 최고다

뜨끈뜨끈 겨울 밥국
애기 낭개 넣고 끓인 늘인 국시
여름날 마당에 솥 걸어 방금 삶아내
소금간하여 먹는 닭이나 염소탕의
그 구수하고 속 시원한 맛
가을 웅덩이 퍼내고 잡은 살찐 미꾸라지
토란대 넣고 끓여 지피가루 뿌려
보리밥이랑 배 터지는 줄 모르고 먹던
추어탕

경상도 음식이
맵고 짜기만 하다지만
그 깊은 맛을
모르고 하는 소리

착착 감기는 감칠맛은 몰라도

콤콤한 톰배기 산적처럼
오래 묵은 정(情) 같은
그 맛을.

2

동화의 나라

우리의 그 때는
학교 앞 냇가에서 발가벗고 수영도 하고,
홍수가 나면 선생님들이 건너편에서
물 못 건너게 하고 집으로 돌려보냈지

학교 운동장에서
가시나들은 고무줄 넘고
오재미를 깜동치마로 잘도 받았지

우리는 그때
사카린 발린 굵은 눈깔사탕 하나면 만족이었고
소풍 갈 때나 사이다 맛을 볼 수 있었지
학교가 있는 동네는 도회지였으며
학교 운동장은 한없이 넓었고
운동회는 세상에서 제일 큰 잔치였었지

한 학년 올라가 받아보는
새 책의 그 신선한 냄새와 색채를
아직도 나는 잊지 못하네

책보를 어깨에서 허리로 대각선으로,
여자애들은 허리에 둘러 묶고 달리면
벤또 반찬이 흘러
책보는 물론 책까지 벌겋게 적셨던 그 시절

그 시절에도 벌써 스캔들이란 것이 있어
학교에 가면
"아무개와 아모개가 보리밭에서……"
염문(艶聞)의 꽃이
교실에 활짝 피었었지

방과 후에는 가끔
학교 근방 들판이나 언덕 위에서
주먹 센, 큰 아이들의 주먹왕 싸움이 벌어지는데
아이들은 빙 둘러서서 숨죽여 구경하는
그 시절 영웅탄생의 박진감 넘치는 볼거리였었지

동무들아
우리 그 때로 되돌아가자

이제 어른 노릇 고마하고

어른 된 것
도로 무루고.

달리아

칠곡 못 푸른 달빛
비탈 밭 복숭아 익고

개울가 세 처녀
여드름 총각

향긋한 복숭아 맛
꿈꾸는 한여름 밤

다시 찾은 겨울 밤
촛불 하나에

손뼉 쳐 번호 부르기
수건 돌려 술래놀이

그 시절 숫총각 마음
한 송이 달리아

수줍게 피어나던
한 송이 달리아

꿈은 이루어지는가

여름철 큰 비 올 때
대청마루에서
넘벌산* 중턱에 걸린
흰 폭포수를 보고
시조를 지을 생각을 하던
여섯 살 소년

그 무지개를
첫사랑처럼 평생 잊지 못하다가
뒤늦게 작심하고 쫓아갔는데
가까이 온 줄 알았던 숲이
날이 갈수록 점입가경이라
시름을 보태어 하고 있는데
그 무지개
또다시 저만큼에서
알쏭달쏭한 미소로 손짓하네
이제 아득하기도 하고
농사도 못 되어
그만 놓아버릴까 하는데

안된다고,
길은 외줄기라고
그의 손금이 일갈(一喝)하네

* 고향 산 이름

상사화

사랑이 마악 눈을 뜰 때
안채에서
아렴풋이 들려오던
사월의 노래

나와 눈길만 스쳐도 부끄러워
도망 다니던 너는,
빨려들 듯 까만 큰 눈망울에 짙은 눈썹
리즈 테일러 윤곽에
늘씬한 큰 키의 서늘한 미녀

가을 어느 날
뜬금없이 너의 집이 이사 간 후
내 풋 가슴엔
상사화 연초록 잎이 돋아나고,
나의 장문(長文)의 고백 후에
아, 꿈결 같은 눈빛의 만남

봄 가고 여름 가고

또다시 성하(盛夏)의 소낙비 지나간 뒤
그리워 그리워서
길게 목을 뽑아 피어난
연자줏빛 상사화 꽃밭에서
너를 생각하며

억새꽃 연인

환한 달빛 아래
살랑살랑 조곤조곤
속삭이는 밤 억새꽃

내가 보고자와
만나고자와
손짓하며 달려오는 그대

만추의 노래를 불러주오
초겨울의 연가를 불러주오
꿈결처럼
바람결처럼

그대 오늘밤
나에게 입맞춤해주오
향기로운 그대 입술로
무지개 꿈꾸는
언덕 너머로
우리 함께 넘어가자구요

그대여

살랑살랑 조곤조곤
속살기는
나의 연인이여
꿈결처럼
비단결처럼
살랑이며 몸짓하며 달려오는
은백색 내 사랑이여

* 오서산 다녀온 후, 자다가 문득 시상이 스쳐지나가는 것을
붙들어 보았습니다

수선화

살랑살랑 봄바람에
노오랗게 피어난
수선화야
고개 한 번 들어보렴

수집어 수집어
도련님 보기가 차마 부끄러
다소곳이 땅만 쳐다보고 있는 너

진달래 아름 아름 피어나는
부엉덤이 올라
파란 하늘 맞닿은 먼 산 바라보며
무지개 꿈꾸던
밝은 가시내

난,
노랑저고리 끝동만 만작대는
너의 수줍음에 홀려
고마 옴짝 못하고 붙들리고 말았구나
수선화야

진주혼식(眞珠婚式)

결혼 30주년
리틀 타이에서
만추(晩秋)의 정취를 맛보다

언제나 내겐
세상에서 제일 편안한 사람

오직 가정과 가족밖에 모르는 사람
순수하고 착한 사람

이 세상에는 내겐
딱 두 여인
엄마
그리고 당신

보석

흙 속에 진주라 했던가
밤하늘에 반짝이는 별인가

맑은 강가에서
그냥 맑기만 한
돌 하나를 주었는데
처음엔 몰랐으나
오랜 세월 곁에 두고 보았더니
명시(名詩)나 명화처럼 진가를 발휘하네

아무리 보아도
질리지 않고
음미할수록 오히려 새로움이
샘물처럼 솟아나네
고단하고 외로운
내 삶에서
견디고 편히 쉬게 하고
언제나 새 힘을 주는 존재
운 없는 내게

그래도 한 가지 복은 있는가

맑은 강가에서
만난 소박한 돌 하나
그 진가를 아는데
평생이 걸렸네

부부사랑

요즈음 결혼식에서 신랑신부가
사랑의 서약서를 직접 낭독하기도 하던데
잠깐 밀월이 지나고 나면
망망고해(茫茫苦海)요
산 넘어 산이 아니던가
오목조목 알뜰사랑도 아닌
왈칵달칵 싸움사랑으로
반백을 지나 전백(全白)에 가까운 오늘까지
만경창파를 넘고 또 넘어온 우리
한날 태어나 76년간을 꽃다운 부부로 살다
하루 사이로 하늘의 부르심을 받은
미국의 레스헬렌 부부처럼
나는 당신의 구세주요
당신은 나의 관세음보살이외다

해바라기

—우리 큰 처남

큰 키에 둥근 얼굴
넉넉하고 푸짐한 마음씨 닮은
넓적한 잎사귀

여름날 영안실 밖
화단에
봉숭아 분꽃 잔뜩 거느리고
뒤에서 우뚝하니
형님꽃이 피어있네요

듬성듬성 머리 숱 같은
노란 꽃잎
알알이 박혀있는
그 많던 인정

당신의 모습 닮은
해바라기가
오늘은 애잔하게
울고있네요

3

분꽃 이야기

사무실 앞 화단에서
분꽃 씨를 받는데
노인정 할머니 한 분이
내려다보시며 하시는 옛 이야기

“애야, 분꽃 피었다
보리쌀 안쳐라”

분꽃이 시계였던 그 시절
산등성이 뉘엿뉘엿 해 넘어가면
분꽃 환하게 꽃등 밝혀들고
저녁밥 짓는 연기 모락모락
정겹던 시골집

지금은 잃어버린
할매들의 정겨운 시절
가슴 아려오는
우리들의 먼 마음의 고향

백매(白梅)

가까이 가까이로
날 끌어당기는
유백색(乳白色) 꽃잎의 유혹!

젖내음 아가의 뽀오얀 볼인가
터질듯 부풀은 이팔청춘인가
고개 들면 펄펄 함박눈

꿈결처럼 은은한
너의 체취(體臭)!
오늘
최고조에 달해
난,
난
네 곁으로
자꾸만
자꾸만
걸음을 되돌린다.

옥수골 전설

옛 옥수골 미타사(彌陀寺) 앞에
맑고 넉넉한 한강물
뒤로는 아담한
응봉의 푸른 봉우리

일곱 살 동자승이 눈 비비고 일어나
강 건너 안개 저 너머
관악산 한 번 바라보고
청계산도 한 번 건너다보고
넓은 언주 들녘 너머
엄마 보고픈 고향 달래골도 어림해 보다가
실개천 돌 틈 가재와 숨바꼭질하고 놀다
새벽 서기어린 옹달샘에서
옥수를 길어
큰스님 차를 끓여드렸지

지금은 옥수역
동자승은 간데 없고
절은 고도(孤島)가 되고

강 건너 출렁이던 들판은
아파트 숲 되어 버렸네.

잉카의 슬픈노래

언젠가 압구정역에서
저 슬픈 소리를 들었다.

까만 큰 눈에 구릿빛 얼굴
작지만 야무진 체구

안데스 전통악기
대나무로 만든 저 피리 소리는
외로운 나그네 가슴을 치고
슬프지만 경쾌한 음악은
사라져간 잉카문명의 흔적인가

중남미 안데스 고원
마추픽추
엘 콘돌 파샤

잉카 후예들의
슬픈 음악에 맞춰
오늘도 고속터미널의 나그네들은

같이 손뼉치며
그들과 영혼을 함께 했다.

천국

전철 안
엄마 품에서 쌔근쌔근 잠이 든
아가 천사

아무 욕심도
걱정거리도 없이
세상에서 제일 편안하고 든든한
엄마 품에서 잠든
예쁜 아가!

무엇이 부러울까
세상에 무엇이 겁날까

천국이
저럴 거야
아암! 엄마 품이 바로
천국이지

구절초

강 언덕 비탈에
외따로 피어 있는
그대는
구절초

모진 풍상에도
꿋꿋이 살아남아
청정한 가을날에
맑은 심상(心象)의 꽃을 피우는
한 떨기 흰 구절초

그 세월
그 외롬
그 지순(至純)

속절없이
저 강물에 띄워 보낼거나
저 파아란 하늘에 날려 보내고 말꺼나

봄 오름

영차 영차
봄 길어 올리는 소리
잔설(殘雪) 위로
들리더니

아 드디어
오르고 있네
뒤뜰 살구나무
매화나무 가지로

이팔청춘 부풀어 오르는
큰애기 가슴처럼
하루하루 달라지는
꽃눈
꽃눈

가려는 봄을 잡고

야, 인선아! 아직 이쁘다야
다 늙었지 뭐.
생각나제 옛날 시골에서 놀던 때
그 시절로 되돌아가고 싶제
여기 나오면 열아홉으로 되돌아 안 가나,
여기 왔다 가면 며칠은 간다.

일 년에 한 번 초등 동창회
정오에 만나 눈 깜짝할 새 여섯 시
헤어지려니…
인선아 말숙아
밤새도록 같이 노래하고 춤추고
놀고 싶은데…
아직은 예쁜 네 옛 모습이
곱게 주름진 눈 주위에 아른아른
비치기도 하는데,
옛 추억이 가물가물
떠오르기도 하는데

잣나무에 끌려

험준한 공룡능선
조선오엽송

곧고 단단한 아름드리 둥치와
표피*의
형언할 수 없는 미감(美感)이
나그네 발목을 거듭 잡누나

세차고 매운바람
혹독한 설한(雪寒)의 세월 흔적이여
학이라도 깃들 것 같은
높게 나래 펴듯 뻗은 가지에
작은 진녹색 바늘잎의
촘촘함이여

고산의 극한 환경에서
최소한만 남기고 모두 떨구어
수도하듯 생존하는 그대는

고승(高僧)처럼
열매도 달지 않누나

* 송린(松鱗)

북한산성 산길 따라

원효봉 둥근 바위를 넘고
준수한 노적봉 바라보며
산영루 정자 터에 다다르니
매월당, 다산의 옛 향취 어려있고

다시 중성문, 국녕사 거쳐
의상봉에 오르니
뜻밖의 절벽단애요
명산의 절경이 한 눈에 펼쳐지는데

명승을 즐길 짬도 없이
석양은 하늘 속으로 지고
산 아래 계곡의 절간마다
저녁 예불 종소리 울어
나그네 마음 급하게 하네

가파른 바위절벽 쇠줄 잡고 하산하니
오늘의 종착역
대서문이 기다리누나

산 아래 포장마차 나그네를 부르는데
못들은 척 가려하니
발이 듣지 않고 되돌아 들어서네

차려 내온 구수한 양미리 구이에
시큼한 김치깍두기
막걸리 한 사발 하니
되돌아서길 잘했어라

백로(白鷺)

긴 세월이었다
너에게도
나에게도
하나의 역사였다.

매화꽃 피는 봄날도 있었고
흰 눈 쌓이는 겨울도 있었다.

이제
다시 대해로 나간다
신선한 고기잡이를 위해
언제나 그랬듯이
담대하게.

백로가 지나간 자리엔
전설을 남긴다
그리움 같은
명예를 남긴다.

* 13년간 정든 직장을 떠나며

황소

멍에를 목에 걸어
온갖 일 다 부려도
묵묵히 순종하던 그도

큰 눈을 끔벅이며
쓰금 쓰금 되새김질만 하던
순하디 순한 그도

한 번 화가 나
눈알이 뒤집어지고
콧바람이 거칠어지면

그의 두 개의 뿔은
바람을 가르는 공포의 무법자 되어
천하의 호랑이도 당해낼 수가 없다.

* 기축년 환갑 기념 시

술맛이 기막힐 즈음

계절이 몇 번 바뀌어
해야 할 일은 많고
산천초목의 아름다움이
새록새록 느껴지고
술맛이 기가 막히는데…

어제가 새해 아침이더니
자고나니 추석이요
쉰 고개 넘는가 했더니
어느새 갑자(甲子)가 눈앞이데요.

기상이변

덕지덕지 심술보다
빵덕어멈인가
장화홍련의 계모인가

이건 꽃샘추위가 아니다
4월도 반이 지나
곡식을 파종한다는 곡우 절기에
여의도 벚꽃축제도 끝나갈 시기에

난데없는 겨울추위와 찬바람
그러지 않아도 올봄엔
늦게 힘겹게 피워낸 꽃잎
도로 다물어 집어넣을 수도 없고

안쓰럽다
저 진달래
파아랗게 입술 질린 저 여린 꽃잎

내 겨울 외투를 입혀 주렴?

조각배

덧없는 세월강에
조각배 하나

각고면려(刻苦勉勵)하며
꿈속처럼 노 저어 온
반세기

이제,
새로운 물결에
급격한 물살에
부대끼네

반짝이던 총기도
야무지던 야망도
거대한 물신(物神)에
빛바래고

오늘은
세모(歲暮)의 사당전철역

군중의 홍수에
흔들리며 떠내려가네

입춘

아무리 동장군(冬將軍)이
끝까지 기승을 부려도
아이들 신나는 시겟또* 아래
얼음장 밑에는 벌써
조잘조잘 시냇물 따라
송사리들 살랑거리고
갯버들 속줄기에는
이제 얼마 후면 피워낼
올래강생이* 제조 막바지 공정이
한창이렷다

* 썰매

* 버들강아지(경상도 방언)

봄의 망꾼

입춘 지난 닷새 후
양지바른 포슬포슬한 땅에
뾰족뾰족 여린 촉수들이
바깥세상 망을 보고 있다
여차하면 내밀었던 머리를
도로 땅 속으로 감추려고.
상사화 원추리 튤립 새싹들이
쏘옥 고개 내밀고
동장군이 있나 없나
살피고 있다.

위인(偉人)의 고독
—간송 전형필

국토가 몸이라면
민족문화유산은 우리의 정신이리.

조상 대대로의 생명 같은 10만석 전답을
고서, 도자기, 서화에 다 바치다니
노모(老母)께서도 걱정하시는데,
사람들은 '금싸라기 땅을 팔아 사기그릇을 사는 바보'
라고 손가락질 하고…

하지만, 그도 사람
피와 같은 전답을 헌책 술병 종이두루마리와
바꾸었을 때

어찌 아무렇지 않았으리오.

아아
선각(先覺) 애국지사의 조기 낙화(落花)로다
청자백자, 명화명필, 훈민정음이여…

* 澗松 全鎣弼(1906~1962년): 일제(日帝)강점기에 민족문화

가 멸실 위기에 처하자 문화유산 수호를 위해 국내 최초 사립미술관인 보화각(오늘날 간송미술관)을 세우고 자신의 신명과 당시 국내 최대 갑부였던 전 재산을 우리문화재 수집에 바쳐 '훈민정음 해례본'을 비롯한 수많은 국보급 민족문화유산의 해외유출을 막고 지켜낸 인물

옛 친구

농사일하다 한 잔 먹고
내 생각이 났단다.

경산 고산농악* 보존회장을
십 년이나 맡고 있다는
친구

젊은 시절 우린 의협이 잘 맞아
항상 신바람이 났었지
어허허 너털웃음 속에
옛 안양 방직공장시절 생각난다
자그마치 사십 년도 전의
홍안시절 말일세

친구야
술 너무 많이 묵지 말그래이
술 못 무마 끝이데이
앞으로 삼십 년은 더 무야제

친구야
내 멋진 친구야

* 대구광역시 무형문화재 제1호 (1984. 7. 25. 지정)

꽃비 속의 여인

벚꽃 질 때 바람 불어
꽃비 내리네

마침 지나가는
붉은 브라우스에
깜장 치마
긴 머리의 여인

한 장의 아름다운 스냅사진이요,
모네의
빨간 스카프 두른 부인의 초상을
연상시키네

까미유*는 창밖에 점점이 나리는
눈을 맞으며 지나가고 있지만
그녀는 바람에 후루루 쏟아지는
하얀 꽃비 속으로 걸어오네

* 클로드 모네의 부인

날개

일터는 신성한 곳이다
논밭이든 공장이든 지하실이든
일터는 곧 생명이다

하지만 일터는 옷과 같다
아무리 번듯하고 빛나는 곳도
자신에게 맞지 않으면
생업(生業)이 못된다

젊은 시절 나도
번듯한 빌딩 속 직장인
새장에 갇힌 새처럼
핏기 없던 시절
결국 얼마 못가 탈출하고 말았지만

지금도 가끔
그 시절 꿈을 꾸곤
숨 막히다 깨어
안도의 숨을 몰아쉰다

북두칠성

어린 시절
똥바가지라 불렀던
북두칠성

한라산 갈 때
서해 폐리 굴뚝 위에 걸려있던
일곱 별 상형문자(象形文字)

처갓집
뒷간 가다 마당가에서 만난
칠성별

오늘, 바람 세게 부는 늦가을
오대산 중대(中臺)
적멸보궁* 오르는 계단길의
북두칠성

가장 크고 뚜렷했다

* 오대산 상원사 중대사자암 위에 있는 부처님 정골사리를
봉안한 한국불교 성지

달마동산

이사 올 때 반해서 왔다

봄 꽃
소낙비 지나간 여름에는
물안개 아득한 수마트라 정글
가을 단풍
눈 덮인 겨울밤에는
나목 위로 달과 별들
맑은 날 새벽에는
북두칠성과도 만난다

나는 그와 함께 하는 지금이
가장 행복하다

숲은 내게 향기를 주고
—달마동산 2

노오란 꾀꼬리 한 마리 숲속으로 날아들고
잿빛 두견은 울음을 삼키다 건너 숲으로 날아간다

꾸꾸 꾸꾸 이상한 소리를 계속 내던 놈은
번개같이 내달아 순식간에 자취를 감춘
화려한 볏의 건장한 장끼놈

나보다 훨씬 연상인 듯한 아까시, 오동나무가
큰 키를 뽐내며 의젓이 서있고
어린나무들은 나긋나긋한 연초록 잎새를
살랑살랑 흔들며 햇빛에 윤기를 자랑한다

청보리 같은 왕포아풀도 시원한 바람에
흰 꽃대들을 흔들어 군무를 추는데… 문득,
이 숲속에 살고 있다는 것이 얼마나 행운인가 하는
생각이 스친다

숲은 내게 향기를 주고
나는 그들에게 내 숨결을 준다

물의 철학

낮은 곳으로 흘러가 보오
물처럼

그대에게 운이 따라주지 않거던

돌 자갈밭도 지나고
모래벌판 진흙탕도 만나겠지만

버들 냇가 송사리 떼들의 유영(遊泳)과
질경이풀
재래시장 같은
원초적 생명력도 다시 보게 될 게요

마침내는 그대의
꽃 한 송이도
피워 올릴 수 있을 게요

암사 선사 주거지에서

휴우
켜켜이 쌓인 숨을 몰아쉬며 홀연히
우리 앞에 나타났다

5~6천 년 전, 신석기 시대
한강변의 우리 조상들이

너무 멀어
상상도 끊겨 버리지만

우주시계*로 보면
그것은 어제의 일도 못되고
겨우 1시간 전의 일이 된다
움집 속에 살면서
돌칼로 고기 쓸고
마찰열로 불씨를 얻었던 그 때가

지금도 파푸아뉴기니 정글 속 원주민은
몇 천 년 전 생활 그대로여도

만물의 영장의 존엄을
지키며 살고 있다

* 우주 140억년, 지구 45억년을 인생 100년에 비유

겨울밤의 여행

겨울 나목 위로 팔분 달이
산길을 비춘다
초저녁 반짝이는 별들이 차갑다

아름다운
지구와 달

우주 속에 또 다른 지구가 있을까

이천억 개의 은하계 마다
이천억 개의 항성(恒星)

상상조차도 끊겨져 버리는
저 광막한 우주에
과연 우리 지구만이
고등문명이 존재하는 별일까

개미들이 이 세상의 인류문명을
꿈에도 모르듯

하루살이 같은 우리도
저 무변억겁(無邊億劫)의 시공(時空)을
알 수 없으리
알 수 없으리

운명
—파도타기

아스라이 꿈결같이 펼쳐진
비취색 발리 바다
원시의 풍광과 야자수 향기 같은 낭만

밀려오고 밀려오는 하얀 파도의 이랑을
타 넘어가고 또 넘어가는 재미에 빠져 그만
앗!
발이 닿질 않고 쑥 내려가네
언뜻 보니 사람들*이 저 바깥에 있네
순간 공포에 질린 나

그 때 번개가 스쳤다

물을 먹을 샘 잡고
발을 내려 간신히 바닥을 디딘 후
쓸려 들어가는 파도의 힘에
사력을 다해 다리로 버티면서
밀려오는 파도 때 바깥쪽으로 한 발
가까스로 또 한 발

그리고 코와 입을 물 밖으로
내밀 수 있는 곳까지 겨우 걸어나왔다

휴~

이 순간적 사건을 아무도 몰랐다.

* 같이 파도타기 하던 외국인들
* 33세 때(1981년) 인도네시아 근무시절 발리섬에 홀로 여행가서 해수욕하다 절체절명의 위기의 순간을 간신히 모면한 일

북한산

서울 온 후 근 반세기를
신앙처럼 바라 보아온 산

가까이서나 멀리서나
눈길만 닿으면 언제나 보고 또 보고
이사할 때도
산을 염두에 두고
지금도 매일 아침 기상하면
창문 열고 멀리 산을 대면하는 것으로
하루를 시작한다

우리의 옛 선인들이
조선오악*의 중심에 올려놓은 산

안개가 넘나들어
보였다 안보였다 신비를 자아내는
백운 인수 만경 노적
웅장 수려한 암봉(巖峰)들!

신(神)이 온 세상의 기(氣)를
압축하여
이곳에 표현해 놓은
거대한 예술품이외다.

* 백두, 금강, 묘향, 북한(삼각), 지리산

| 해설 |

단순함의 풍요함

| 작품해설 |

단순함의 풍요함

윤강로
(시인 · 한국문인협회 자문위원)

1

시는 시인이 지닌 인간총체(人間總體)에서 이루어지는 예술작품이다. 그 시인의 실체적 삶과 존재, 사회적 동물로서의 현실 삶이 서식하고 있는 환경, 성장과정, 내면세계가 지니고 있는 관념과 개성 등 모든 것의 총체에서 우러나는 모든 것의 유기적 결과로써 나온 창작행위의 그 무엇이다. 그렇게 시는 주관적 개인의 성향(性向)을 띤 정신과 영혼의 결과로서 이루어진 창작물이다. 한 편의 시가 주는 지적 각성(覺醒)이나 감동성이 그렇게 가치로서 수용된다. 배영모 시인이 펴낸 제1시집 『새질내기 열두 굽이』가 지니는 시적 가치와 감동성은 어떠한가. 이에 대한 서두(書頭)를 원초적 어투로 말하고 있음은 배영모 시인의 시집에 담긴 시들이 전통의식과 토속적 정서로써 드물게 차별화되는 면이 두드러지기 때문이다. 현대의 서울에서 생활하는 시인의 시가 지닌 전통적 의식과 정서와 토속적 어투는 어떻게 이루어졌는가에 대한 궁금증이 있다. 그것을 시 한 편씩 열어가는 과정에서 밝히고자 하는 의도를 불러일으킬 만큼 『새질내기 열두 굽이』는 시인이 성장한 지역이나 시인의 내면의식이 지닌 특성화의 경향을 부추기는 것이다. 그것은 여러 가지 관점과 다양하게 전개되는 시상(詩想)으로 말해질 것이지만, 일단 내용, 형식이 보여주는 순수와 작위(作爲)가 없는 내면표출(內面表出)의 관습(慣習)에 시선이 간다. 자기의 내면에서 자연스럽게 나온 시의 진실성이나 왜곡(歪曲)시키지 않은 순수의 모습이 배영모 시인의 시집이 지닌 일차적 가치이다. 또한 시집 곳곳에서 숨쉬는 고유한 시어(詩語) 내지 속담 등, 전통적 언어자산(言語資産)의 제시에서 귀중한 자료성을 지닌다. 우리가 쉽게 경험하지 못하는 고유한 지방어(地方語)나 고어(古語)의 의미군(意味群)들이 있어 참으로 소중하다. 그것들은 우리가 쉽게 경험할 수 없는 지방어(방언)로써 고유한 국어의 의미군을 이루고 있다. '한 말고기 다 먹고 말씹 내 난다고 한다' '짚신쟁이 영감과 수시떡 할마이 얘기' 등이 그 실례(實例)이다. 그리고 '새질내기 열두 등대' '부엉듬이' '넘벌' 등의 방언으로써의 지명(地名), '지신밟기' '경산고산농악' 등 민속놀이의 명칭과 '늘인국시' '톰배기' 등 음식명은 물론 '봉태기' '찌끼미' '디리' '호때기' 등 방언과 고어(古語)를 배영모 시인은 기억의 저장고에서 꺼내어 이 시집에 활용하였다. 이들은 우리 국어 위상론(位相論)의 좋은 자료가 되는 것들이며, 시어로써 독특한 고유정서의 시세계를 살리고 있다. 『새질내기 열두 굽이』는 이러한 고유방언(固有方言)의 구사로써 보기 드문 차별화의 가치적 의미를 갖는다. 우리 시의 내용·형식은 물론 정서와 생활상을 생생하게 엮었음에 그 의미가 크다.

이외에도 전체적인 맥락에서 소박한 시적 발상과 표출양식(表出樣式)의 순박함을 말하지 않을 수 없다. 배영모 시인은 옛것의 소중함을 낡지 않은 토속적 감각으로 현재의 시적 흐름에 접속하여 하나의 '자기만의 시적 성격'을 일구었다. 전통성과 현대시의 자기화(自己化)로 개성 있는 시의 현주소를 제시한 독자성이 돋보인다.

2

상기(上記)한 바, 전통성과 고유한 정서의 시어로써 시적 흐름의 가닥을 잡은 시인의 안목이 우리 전통예술미를 집대성한 간송 전형필 선생의 고미술(古美術)에까지 닿아있음을 간과할 수 없다.

> 국토가 몸이라면
> 민족문화유산은 우리의 정신이리.
>
> 조상 대대로의 생명 같은 10만석 전답을
> 고서, 도자기, 서화에 다 바치다니
> 노모(老母)께서도 걱정하시는데,
> 사람들은 '금싸라기 땅을 팔아 사기그릇을 사는 바보' 라고
> 손가락질하고…
>
> —『위인(偉人)의 고독』 중에서

일제 때 간송(澗松) 선생은 황해도의 전답을 팔아서 민족학교인 '보성고보'를 설립하고 국보 10여 점을 비롯한 문화재를 이국인(異國人) 등에게서 넘겨받는 등 나라의 문화재를 지켜서 민족문화

의 발전과 유지에 대표적 공헌을 쌓았다. 그 중 '훈민정음 해례본'은 그 가치를 가늠할 수 없을 것이다. 중후한 인격과 소탈한 인간미는 모든 사람에게 회자(膾炙)되고 있다. 이를 시 「위인(偉人)의 고독」으로 쓴 배영모 시인의 의식세계에 대한 성격을 확연하게 인식한다. 그 시적 주체성을 수용(受用)하여 시 전반을 언급하면 시인의 문학 전반에 닿는 맥락을 파악하는 것이 될 것이다. 시적 전통의식과 고유미(固有美)의 그림자가 드리운 현재의 시적 개성을 파악하기 위하여…. 위의 시 「위인(偉人)의 고독」은 시 「백로」에 그 의식세계가 닿는다. 시적 분위기와 사유(思惟)가 그 연장선상에 있는 느낌의 시다. 그런 기질의 사유(思惟)로 엮은 삶의 길이 느껴진다. 13년간 정든 직장을 떠나며 쓴 시에 어린 심성이 쓸쓸한, 그러나 견고한 심중의 고전(古典) 같다.

> 긴 세월이었다
> 너에게도
> 나에게도
> 하나의 역사였다.
>
> 매화꽃 피는 봄날도 있었고
> 흰 눈 쌓이는 겨울도 있었다.
>
> 이제
> 다시 대해로 나간다
> 신선한 고기잡이를 위해.

언제나 그랬듯이
담대하게.

백로가 지나간 자리엔
전설을 남긴다
그리움 같은
명예를 남긴다.

—『백로(白鷺)』 전문

시인의 삶과 역정(歷程)에 얼룩진 전설과 명예, 그리움 같은 것이어서 험악하지 않다. 또다시 시작하는 새로운 역사는 시들지 않는다. 심중의 카타르시스가 있기 때문이다. 부러지는 강직(剛直)의 정서가 아닌, 부드러운 꽃잎이 피는 반복의 끈질김, 유연함의 시세계로 삶의 시를 썼다. 그러한 삶의 흐름에는 속으로 다듬는 단단함과 유연함의 상반된 모습의 교차(交叉)가 있다. 배영모 시인의 시는 지극히 평이하나 내심 배반률(背反律)의 내면세계를 이끌어가는 복합성(複合性)을 보이기도 한다. 「백로(白鷺)」에 상반되는 에너지가 느껴지는 시에 「황소」가 있다. '멍에를 목에 걸어/ 온갖 일 다 부려도/ 묵묵히 순종하던 그도// 큰 눈을 끔벅이며/ 쓰금 쓰금 되새김질만 하던/ 순하디 순한 그도/ 한 번 화가 나/ 눈알이 뒤집어지고/ 콧바람이 거칠어지면' 「황소」를 보면 화가 이중섭의 그림 황소가 떠오른다. 삶의 풍상과 신고(辛苦)의 그 자체였던 삶의 여로에서 겪었던 인고(忍苦)는 순한 눈망울로 자신을 달랬다. 그런 인생을 살지 않은 자는 시퍼런 서슬로 덤벼드는 것에 마주한 심중을 '성난 소와 유순한 소의 배반적 표정'으로 그릴 줄 모를 것이다. 정신의 분노한 근육질마다 일어서서 뿔을 겨눈 시인의 모습이 「황소」와 겹친다. 그 순수자(純粹者)의 기억은 자아를 다스리던 카타르시스를 조용히 되살려 현실의 성난 황소를 유순하게 잠재우던 모습에 머물러 있다. 그러한 평범한 삶의 역정(歷程)에 매화가 피는 봄날과 흰 눈 쌓이는 겨울이 있었고, 다시 담대하게 망망한 바다로 출범하는 삶은 애틋하다. 시인 배영모의 시 세계에는 유약한 듯 싱싱한 정신의 근육으로 이끌어가는 자의 계절이 있고 거기에 피는 순리(順理)의 꽃이 있다. 그러한 삶의 내면에 더 깊이 스며든 의식(意識)의 시에 「잣나무에 끌려」가 있다. '곧고 단단한 아름드리 둥치와/ 표피의/ 형언할 수 없는 미감(美感)이/ 나그네 발목을 거듭 잡누나'가 그러한 심정의 내면화다. 그러한 삶의 눈길에 닿은 고아(高雅)한 품격이 있다. 이 시 전체에 일관된 전통적 예술미는 체질화된 '내 것'의 아취(雅趣)에 젖어 있다. 분명한 국적의 문화가 있어야 그 존재는 떠돌지 않게 된다. 그런 '내 것'의 전통고전미는 성북동에 있는 '간송미술관'에 있다. 배영모 시인의 문화적 취향과 인간성의 일체감에서 한국적 시성(詩性)의 생태(生態)가 느껴진다.

3

강 언덕 비탈에
외따로 피어 있는
그대는
구절초

모진 풍상에도
꽃꽃이 살아남아
청정한 가을날에
맑은 심상(心象)의 꽃을 피우는
한 떨기 흰 구절초

그 세월
그 외롬
그 지순(至純)

속절없이
저 강물에 띄워 보낼거나
저 파아란 하늘에 날려 보내고 말꺼나

—「구절초」 전문

시집 『새질내기 열두 굽이』에 핀 꽃의 토속성(土俗性)이 눈에 띈다. 혹시 순수 토속의 꽃이 아닌 것도 이 시집 속에서는 토속(土俗)이 된다. 그 꽃은 심상(心象)의 이미지로 내면의식 속에 토속의 색깔과 흔들림과 눈짓으로써 은근한 미적 인간의 내면이 피기도 한다. 그 내면은 외롭고 지순(至純)하며 세월 속에서 속절없음의 이미지로 인간화되는 정서로 핀다. 이 땅의 마을에서 자라고 고향을 떠난 이의 삶, 쓸쓸한 지경에서 피고, 정처 없는 표류(漂流)의 삶에 떠서 물살이 되기도 하는 시정(詩情)의 꽃이기도 한 것이다. 어찌 꽃만이 꽃이겠는가. 체험적 삶 속에서 부딪거나 스친 인간상도 순수토속의 삶으로 흔들리는 심성(心性)으로 언제나 옛것이듯 그리워하는 모습으로 점철되어 있다. 그렇게 현대적 삶의 우리들 곁에 고집스럽게 토속(土俗)인 자아(自我)와 그 분신(分身)과 터전의 생물(生物)들을 우리의 심결로 노래하는, 삶 속의 소외자 같은 순수존재의 시인인 꽃이기도 한 것이다.

그러한 꽃이 핀 곳에 「기상이변」과 같은 풍속도(風俗圖)가 있다. '덕지덕지 심술보다/ 빵덕어멈인가/ 장화홍련의 계모인가// 이건 꽃샘추위가 아니니다/ 4월도 반이 지나/ 곡식을 파종한다는 곡우 절기에/ 여의도 벚꽃축제도 끝나갈 시기에' 이 땅의 절기와 몸짓의 어울림이기도 한 고전풍이 홍겹다. 한 폭 짧은 소성(笑聲)이 들리는 듯하다. 배영모 시인의 시는 전체적으로 직접노출의 표현이 드물어서 풍물과 고전적 태(態)로 드러난 흐름의 시가 파노라마처럼 흐른다. 하나의 흐름에 일관하는 삶과 시의 태(態)가 '안쓰럽다/ 저 진달래/ 파아랗게 입술 질린 저 여린 꽃잎' 하면서 혀를 차는 시인의 표정이 일관되어 있다. 단순한 듯 잔물결의 속내 같은 표정의 시들에서 청각이 심심하지 않다. 그러한 아기자기한 시적 정감으로 자연에 담겨서 사는 사람들의 성체를 자연성으로 회귀(回歸)시키는 시적 관습이 엿보인다.

이렇듯 잘고 섬세한 시에 상반되는 동적(動的) 정취가 출렁이는 듯한 시에 「숲은 내세 향기를 주고」가 있다 하나의 홍겨운 터전이다. 초목(草木)과 조류(鳥類)가 제각각의 소리와 몸짓으로 표정지어서 생명감으로 채우고 그들 대상과 교감(交感)하는 시인의 내면 출렁임이 그윽하다. 정적(靜的) 태(態)에서 동적(動的) 출렁임으로 감각이미지를 부여하는 생동감이 한 폭 풍속도(風俗圖) 같다.

그 홍겨움은 무엇의 충동질인가? 그냥 볼뿐이다. 시를 읽지 않고 보는 것은 모처럼 홍겨운 일이다. 에너지가 있는 시의 전개다.

4

덧없는 세월강에
조각배 하나

각고면려(刻苦勉勵)하며
꿈속처럼 노 저어 온
반세기

이제, 새로운 물결에
급격한 물살에
부대끼네

반짝이던 총기도
야무지던 야망도
거대한 물신(物神)에
빛바래고

오늘은
세모(歲暮)의 사당전철역
군중의 홍수에
흔들리며 떠내려가네

—「조각배」 전문

배영모 시인의 시에는 거대한 우주관이나 생명이 지니는 깊은 속뜻에 대한 궁금증, 또는 삶에 대한 근원적 관념 등에 대한 심각한 인식이 명료하게 드러나 있지 않다. 시는 거대한 철리(哲理)의 하수(下手)가 아니기 때문일 것이다. 삶 자체에 밀착된 문제에 질문을 던지면서, 주어진 삶을 따뜻하게 보듬어 살아가는 소박함으로 '절실하게 반응하고 감동하는' 창작행위에 따를 뿐이다. '살아가는 일상적 절실함'의 문제에 자연스럽게 접근하고, 평상적이고 소탈한 생활관(生活觀)에 수긍(首肯)하는 것, 배영모 시인은 그렇게 '살아있음'의 평면적 사실을 시화(詩化)한다. 「조각배」는 그러한 평이한 삶의 속내가 잘 그려져 있다. '오늘은/ 세모(歲暮)의 사당전철역/ 군중의 홍수에/ 흔들리며 떠내려가네'에 너도 있고 나도 있다. 그러면서도 만만치 않은 물살에 떠내려 온 삶에 대한 회한(悔恨)에 저린 가슴, 가장 절실한 삶의 문제와 만나는 공감의 친화력으로 소통되는 시세계인 것이다.

이사 올 때 반해서 왔다

봄꽃
소낙비 지나간 여름에는
물안개 아득한 수마드리 정글
가을 단풍
눈 덮인 겨울밤에는
나목 위로 달과 별들
맑은 날 새벽에는

북두칠성과도 만난다

나는 그와 함께 하는 지금이
가장 행복하다

—「달마동산」 전문

단출한 시상(詩想)이 맑은 시다. 첫 행 '이사 올 때 반해서 왔다'의 대상인 자연과 자연현상과 시공(時空)의 막막함이 주는 서정의 세계가 소박하다. 자기애(自己愛)의 한 조각 같은 친밀감, 자기확대(自己擴大)와 의식의 확충(擴充) 등의 불편한 의도가 제거된 시의 시공의식(時空意識)이 느껴진다. 그런 맥락에서 시 「겨울밤의 여행」이 주는 감정의 세계도 자연스럽게 스며든다. '겨울 나목 위로 팔분 달이/ 산길을 비춘다/ 초저녁 반짝이는 별들이 차갑다'의 이 시는 '아름다운/ 지구와 달'이라 했고 '우주 속에 또 다른 지구가 있을까'라고 묻는다. 시인은 탐구자가 아니라 '깨달음의 수행자'다. 아이 같은 궁금증으로 무변억겁(無邊億劫)의 시공(時空)에 동화(同化)되는 천진난만의 시세계다.

5

전철 안
엄마 품에서 쌔근쌔근 잠이 든
아가 천사

아무 욕심도

걱정거리도 없이
세상에서 제일 편안하고 든든한
엄마 품에서 잠든
예쁜 아가!

무엇이 부러울까
세상에 무엇이 겁날까

천국이
저럴 거야
아암! 엄마 품이 바로
천국이지

—「천국」 전문

시인이 아기를 본다. 전철에서 본 아이는 누구에게나 자아(自我)의 원초(原初)다. 그리움의 원초적 대상인 '나의 아기시절'인, 동화에서 만나는 나이기도 한 순진무구의 잠재(潛在)가 내면에 있다. 시 「천국」은 시인의 그리움이 갖는 원초(原初)의 태생적 자기현시(自己顯示)일 수도 있다. 아가에 대한 심적 반응에서 생애 전반에 확산되는 시인의 순수성과 함께 '사람 그리워하기'의 심정이 읽힌다. 배영모 시인의 '사람 그리워하기'는 보편적이면서 다분히 향토색이 짙다. 시인의 다양한 체험적 만남이 흥미롭다. 그 다양함은 태어남, 젊음, 늙음, 사별, 이외에 이국적 정서에까지 이르러 풍성하다. 배영모 시인이 휴머니스트이기 때문이다. 인간애(人間愛)의 시인에게 아가는 천국일 수밖에 없다. 시 「천국」이 보여주는 바, 천사의 원초적인 미를 자연물에 이입(移入)한 시 「백매(白梅)」가 눈에 띈다. '가까이 가까이로/ 날 끌어당기는/ 유백색(乳白色) 꽃잎의 유혹!// 젖내음 아가의 뽀오얀 볼인가/ 터질 듯 부풀은 이팔청춘인가/ 고개 들면 펄펄 함박눈'에서 '아가' 이미지는 백매(白梅)의 꽃잎과 눈(雪)의 이미지에 연결되어 동일한 대상의 미적 감흥을 일으킨다. 배영모 시인의 비기교적 평균율(平均率)의 시가 꾸미지 않음의 담백(淡白)함으로 단순하지만 시상(詩想)의 과정과 단순하지 않은 시안(詩眼)의 두리번거림이 있어서 그 전체적 느낌이 복합성(複合性)을 띠기도 한다. 그와 같은 다양한 미감이 노출되어 어지러움증의 시향(詩香)을 풍기는 시에 「억새꽃 연인」도 있다. 이 시의 직감적 홍취의 정경이 진하게 느껴진다. 그것은 단순한 그리움의 연가(戀歌)가 아니라, 세월 지나 아련한 기억 속의 구체적 인간대상인 모습으로 그려져서 향수, 현재의 쓸쓸한 적막감 등으로 통합된 서정시의 전형(典型), 시인의 고향 그리기의 일환으로 다가오는 것이다.

6

배영모 시인은 단순하고 평이한 시의 간결성을 시적 흐름의 성향(性向)으로 내비치고 있지만, 실상 다양한 발상(發想)과 일상적 삶에 바탕을 둔 정서적 일관성을 다양한 대상을 통하여 노래하고 있다. 인간은 그리움을 먹고 사는 존재라는 시적 서정의 틀 안에 대상을 끌어들여서 '단순함의 풍요함'이라는 시의 방법론을 무리 없이 보여준다. 향토적 서정세계에 이질적(異質的)으로 수용한 이

국정서의 시 「잉카의 슬픈노래」, 그림의 예술성을 시화(詩化)한 「꽃비 속의 여인」과 그 낭만끼의 나른한 서정, 사라져가는 인간상에 대한 섭섭함의 시정(詩情)을 그린 「분꽃 이야기」 등 빈약하지 않은 시세계를 요란하지 않게 첫 시집 『새질내기 열두 굽이』에 담았다. 정감(情感) 있는 삶의 모습과 시적 어투(語套)의 구사(驅使)가 질박(質朴)하여 순조롭다.

배영모 시집_ 새질내기 열두 굽이

초판 인쇄 | 2015년 10월 1일
초판 발행 | 2015년 10월 5일

지 은 이 | 배영모
발 행 인 | 문효치
편집국장 | 김밝은

펴낸곳 | 사단법인 한국문인협회 月刊文學 출판부
주소 | 서울시 양천구 목동서로 225 대한민국예술인센터 1017호
전화 | 02-744-8046~7
팩스 | 02-743-5174
이메일 | klwa95@hanmail.net
등록 | 2011년 3월 11일 제2011-000081호
ISBN 978-89-6138-312-7 03810

값 8,000원